CW01159728

TABLA DE CONTENIDOS

SOBRE "TAI CHI PARA MAYORES" — 4

1. PREPARACIÓN — 12

2. COMENZANDO EL TAICHI — 16

3. COGER LA COLA DEL GORRIÓN — 19

4. LÁTIGO SIMPLE — 40

5. ATAQUE DEL AGARRE DE MANOS — 53

6. LA GRULLA BLANCA DESPLIEGA LAS ALAS — 67

7. CEPILLAR LA RODILLA Y EMPUJE A LA DERECHA — 74

8. TOCAR LA GUITARRA — 82

9. CEPILLAR LA RODILLA Y EMPUJE A LA DERECHA	87
10. CEPILLAR LA RODILLA Y EMPUJE A LA IZQUIERDA	93
11. CEPILLAR LA RODILLA Y EMPUJE A LA DERECHA	100
12. TOCAR LA GUITARRA	106
13. PUÑO LATERAL Y PUÑO AL FRENTE	111
14. CLAUSURA	124
15. MANOS CRUZADAS	131
16. FINAL	136
DERECHOS DE AUTOR	138

SOBRE "TAI CHI PARA MAYORES"

Tai Chi en la grafía antigua de la palabra china Taiji. *Quan* significa puño y *Tai Chi Quan* el arte marcial basado en la teoría del *Tai Chi*; aunque, generalmente el *Tai Chi Quan* se denomina sencillamente Tai Chi.

Yang 阳　　Yin 阴

La armonía entre el yin y el yang constituye la esencia del *Tai Chi*. *Tai Chi para Mayores* es una serie de ejercicios desarrollados a partir del *Tai Chi* tradicional haciendo énfasis sobre la armonía entre *yin yang*.

Este es uno de los símbolos del *Tai Chi*. La parte amarilla del símbolo es el *yang*, que representa las características del cielo. La parte roja del símbolo es el *yin*, que representa las características de la tierra.

Tai Chi para Mayores emplea la relajación. Una vez que el *Tai Chi* comience el cuerpo debe mantenerse erguido naturalmente. La altura del cuerpo debe mantenerse estable, sin fluctuar hacia arriba o hacia abajo. La cabeza debe posicionarse como si se sostuviese un peso. No se incline hacia adelante ni hacia detrás, de lo contrario ejercería tensión sobre el pecho. No hinche el pecho, relájelo naturalmente. Si alza los hombros los tensará, por lo tanto no los alce, relájelos naturalmente.

No alce los codos demasiado ni los sitúe muy cerca de las costillas. Deje que los codos caigan naturalmente. Mantenga las nalgas hacia adentro, de lo contrario habría tensión en los órganos internos. Relaje las muñecas. No estire las palmas de las manos, deje que se abran naturalmente, como abanicos. Las puntas de sus dedos nunca deberán estar por encima de sus cejas. Si las manos estuviesen demasiado altas, ejercería presión sobre las costillas. No estire los dedos, relájelos naturalmente.

Cuando cierre el puño, el puño debe mantenerse suelto formando un hueco con los dedos. Cuando empuje la fuerza no se origina en las manos sino en el cuerpo. No tense los labios. No frunza el ceño. No apriete los dientes. Relaje la cara. La lengua debe tocar el paladar. Si se forma saliva, tráguela. Mientras el cuerpo entero está relajado, la mente se concentra en el flujo de energía alrededor del cuerpo que se genera como respuesta a la respiración y el movimiento. Los movimientos se suceden suavemente y sin pausa. Desde la preparación de un movimiento hasta su consecución no hay un punto de partida o final, todas las posturas se conectan entre sí suavemente. Antes del auténtico final de una postura, la siguiente comienza.

Tai Chi para Mayores emplea el ritmo. Los movimientos alternan acumulación y liberación de energía. Durante la acumulación de energía, el cuerpo se contrae, y los los brazos y manos se acercan al cuerpo. Durante la liberación de energía, el cuerpo se expande, y los brazos de abren, empujando o dando un puñetazo.

Accumulation of Energy: Yin (阴)

Release of Energy: Yang (阳)

Acumular energía es *yin*, liberar energía es *yang*. Cuando *yin* y *yang* están en armonía la acumulación y liberación de energía están balanceadas.

La alternancia de *yin* y *yang* es rítmica, como lo es la de el día y la noche. Para mantener el ritmo, los movimientos que implican distancias mayores son más rápidos que los que implican distancias menores. Así, el tiempo usado para para acumular energía es igual al tiempo usado para liberarla.

Time [Accumulation of Energy: Yin (阴)]

=

Time [Release of Energy: Yang (阳)]

De esta manera, el tiempo de inhalación es igual al de exhalación. Generalmente inhalación y exhalación duran unos ocho segundos cada una. Cuanto más lento sea el movimiento, más profunda la respiración. Por lo tanto, si desea respirar más profundamente, puede aumentar la duración de la inhalación y exhalación hasta doce segundos cada una. Si desea practicar *Tai Chi* durante menos tiempo puede inhalar y exhalar durante sólo cuatro segundos cada una. Generalmente un ciclo completo de respiración de dieciséis segundos es más cómodo y saludable.

Tai Chi para Mayores es meticuloso, más parecido a un árbol que se mueve lentamente que a un bólido a toda velocidad. Cuando el viento mece un árbol, su cuerpo entero se mueve, a excepción de sus raíces que se mantienen fijas. En cambio, un coche no tiene fijación alguna en el suelo, pero al correr sus partes internas (asientos, panel...) están fijas. Al practicar *Tai Chi para Mayores* los pies se mantienen anclados en el suelo fijamente, como las raíces de un árbol. Trate de mantener la cadera mirando hacia adelante. La parte inferior del cuerpo, desde la cadera hasta los pies, es como el tronco del árbol. Girar los hombros hacia derecha o izquierda es como mecer las ramas alrededor del tronco. Al hacerlo la columna se curva. Cada sección de la columna, tanto médula espinal como órganos internos, se mueve. La columna ejerce de eje con los hombros girando a su alrededor. La fuerza no proviene de los hombros sino de los músculos que rodean la columna. A continuación los hombros generan movimiento en los brazos, que a su vez lo generan en las manos y estas en los dedos.

El orden del movimiento es: hombros primero, luego brazos, después manos y, por último, dedos. Los dedos siguen a las manos, las manos siguen a los brazos, los brazos siguen a los hombros. El movimiento es lento, pero sin pausa. Las articulaciones de las caderas, hombros, codos, muñecas y dedos se mueven completamente y rotan en distintas direcciones, no sólo en una. El movimiento de los brazos no es sólo de "extensión y contracción", sino que también rota. Los antebrazos rotan alrededor de los codos y las manos rotas alrededor de las muñecas; ya sea en el sentido de las agujas del reloj o en el opuesto, como se muestra en la danza del dragón. Apenas hay un solo movimiento unidimensional, la mayoría son tridimensionales. Los el aire de los pulmones se renueva completamente. El movimiento lento y rítmico facilita la respiración profunda.

Al inhalar el bajo vientre se contrae y el diafragma se alza. El aire fresco llena los pulmones hasta alcanzar los lóbulos superiores, y se ejerce una ligera presión sobre los órganos internos. Cuando el cuerpo se dobla hacia la derecha o la izquierda se ejerce más presión sobre los órganos internos. Al exhalar el bajo vientre y el diafragma se expanden y se expulsa dióxido de carbono. Los órganos internos se relajan. Gracias a los movimientos lentos y la relajación el qi (el centro de la atención de la mente) el qi (el centro de la atención mental y energética) se mueve progresivamente, como un fluido que recorre el cuerpo entero y llega a los cuatro puntos terminales: la punta de los dedos de los pies, la punta de los dedos de las manos, la coronilla y la punta de la lengua.

Tai Chi para Mayores es flexible. Los pasos pueden ser flexibles. No tiene que moverse exactamente igual que yo. Puede mover uno de los pies hacia atrás, adelante, a un lado y hacia arriba mientras yo muevo mi pie hacia adelante. O bien usted podría mover un pie hacia adelante mientras yo doy un paso hacia atrás. Tan solo recuerde alternar su peso corporal en cada uno de sus pies. Si aplica la flexibilidad de los pasos, podrá practicar "*Tai Chi para Mayores*" en interiores, exteriores o incluso mientras viaja, sin que el lugar en que se encuentre suponga ningún obstáculo.

Las posiciones pueden ser flexibles. No tiene que mover las manos exactamente como yo lo hago. Sus manos pueden estar en una posición más alta o más baja que las mías, puesto que practicamos *Tai Chi* para mejorar nuestra salud, no para pelear. Sin embargo, siempre deberá seguir los principios básicos del *Tai Chi*.

Los principios básicos son:

• Relájese: relaje el pecho, hombros, codos, muñecas y dedos. Mantenga la cabeza erguida y alineada con la columna, el tronco y las nalgas.

• La columna ejerce de eje: Mantenga ambos pies firmemente sobre el suelo, como las raíces de un árbol. Al moverse las manos siguen a los brazos, los brazos siguen a los hombros y los hombros giran en torno a la columna.

• Las tres coordinaciones externas: la cabeza está coordinada con las nalgas, los codos lo están con las rodillas y las manos con los pies.

• Las tres coordinaciones internas: la visión, la respiración y la mente están coordinadas.

- Los cinco elementos: muévase hacia adelante, hacia atrás, gire hacia la izquierda, hacia la izquierda y mantenga siempre el cuerpo recto.

- La altura del cuerpo es flexible: si está fatigado podrá adoptar posiciones más altas. Si tiene más energía as posiciones podrán ser más bajas. En todo caso, una vez comenzado el ejercicio de *Tai Chi*, la altura deberá ser estable, desde el principio hasta el final.

- Las puntas de los dedos nunca están por encima de las cejas.

El orden de los movimientos es flexible y puede practicas *Tai Chi* en cualquier momento del día. Puede también practicar sólo una parte de *Tai Chi para Mayores*, o una sola postura. En todo caso, para que sea beneficioso para su salud, deberá practicar *Tai Chi* al menos treinta minutos al día.

1. PREPARACIÓN

Manténgase en calma durante unos segundos. Manténgase erguido. Relaje su cara y hombros. Deje que sus manos caigan naturalmente a ambos lados. Relaje el pecho y la cadera.

1. PREPARACIÓN

Empiece a inhalar. Abra sus pies de manera que queden alineados con sus hombros. Con las planas hacia arriba levante ambas manos lentamente. Deberán tardar unos ocho segundos en llegar a la altura del pecho.

Begin Empiece a exhalar. Gire las palmas de las manos hacia abajo, desbloquee las rodillas y deje que sus manos caigan lentamente durante unos ocho segundos hasta que estén en su posición natural a ambos lados.

El cuerpo entero deberá estar en reposo y la posición será ligeramente más baja una vez que baje las manos. Esta será la posición que mantendrá a lo largo de toda la práctica del Tai Chi. La duración de la inhalación y exhalación esté determinada por la profundidad de la respiración y la velocidad del movimiento; es decir, cuanto más lento sea el movimiento, más profunda la respiración.

Deberá practicar distintas velocidades de de movimiento y respiración hasta que halle la que resulta más cómoda. Comience inhalando durante cuatro segundos y exhalando durante otros cuatro segundos. Más adelante podrá aumentar la duración de la respiración hasta duplicarla o incluso triplicarla, para ello deberá disminuir la velocidad de los movimientos. La respiración más profunda es, en general, saludable, pero siempre que sea natural y cómoda. No debe aguantar la respiración.

Con las palmas de las manos hacia abajo y los dedos doblados, trate de alinear los dos dedos centrales en una línea imaginaria paralela a su cintura y ligeramente por encima de ella. Las manos no deben tocar su cuerpo. Deje caer la muñeca. Doble las rodillas ligeramente. El peso corporal deberá estar distribuido uniformemente en ambos pies.

2. COMENZANDO EL TAICHI

Comience a inhalar. Cargue todo su peso corporal sobre el pie izquierdo. Lleve su mano derecha hacia abajo girándola para que la palma quede hacia arriba. Al mismo tiempo, alce la mano izquierda con la palma mirando hacia abajo, como su sujetase un gran balón en frente de su cuerpo con ambas manos. Su cabeza debe mirar hacia su muñeca izquierda. El codo izquierdo debe caer, las muñecas deben relajarse y el brazo derecho debe estar doblado. No acerque excesivamente el codo derecho al cuerpo. El pie izquierdo carga con casi la totalidad del peso corporal. Es el punto yang.

El pie derecho apenas carga con ningún peso. Es el punto yin. Sin embargo, el pie derecho se mantiene en total contacto con el suelo para mantener el equilibrio.

Comience a exhalar. Invierta la rotación de ambas manos, como si girase el gran balón. La cabeza deberá mirar hacia la muñeca derecha. Oscile su peso corporal gradualmente del pie izquierdo al derecho, así alternará el yin y el yang, de manera que el pie derecho pasa a ser yang y el pie izquierdo yin.

Desplace su peso al pie derecho mientras gira gradualmente los hombros hacia la derecha y alza el brazo derecho. La palma de la mano derecha mira hacia abajo. Al mismo tiempo, la palma de la mano izquierda, que está más abajo, mira hacia arriba. No acerque excesivamente el codo izquierdo al cuerpo. De nuevo, parece estar sujetando un gran balón, pero ahora con su cabeza mirando hacia la muñeca derecha. Todo el peso corporal está en su pie derecho, mientras que el pie izquierdo toca el suelo para mantener el equilibrio. Deje caer el codo, la muñeca derecha está relajada y el brazo izquierdo está doblado y forma una curva suave.

3. COGER LA COLA DEL GORRIÓN

In esta postura hay cuatro sub-movimientos:

A. RECHAZAR

Comience a inhalar. Mantenga el peso sobre el pie derecho, sin apenas cargar ningún peso sobre el izquierdo. Gire ligeramente el pie izquierdo en el sentido de las agujas del reloj para prepararse para el siguiente movimiento.

Desplace gradualmente el peso a su pie izquierdo mientras gira los hombros y alinea la columna para que mire al frente. Al mismo tiempo rote el antebrazo izquierdo en sentido opuesto a las agujas del reloj hasta que la mano izquierda esté por encima del pecho, y rote el antebrazo derecho en el sentido de las agujas del reloj mientras baja la mano derecha. El codo izquierdo cae, la muñeca izquierda está relajada y las manos se abren naturalmente. Realice todos estos movimientos simultáneamente.

3. COGER LA COLA DEL GORRIÓN

Mientras el peso está en su pie izquierdo mueva el pie derecho al lado del pie izquierdo hasta tocar el suelo con la puntilla del pie derecho. Una vez más, las manos parecen sujetar un gran balón imaginario con la mano izquierda arriba y la derecha abajo. El codo derecho está suelto. No acerque excesivamente el codo derecho al cuerpo. La cabeza debe mantenerse erguida y mirando al frente.

3. COGER LA COLA DEL GORRIÓN

Comience a exhalar. De un paso con el pie derecho hacia la derecha y ligeramente hacia atrás. Si trazásemos una línea imaginaria desde el talón del pie derecho, la distancia entre la línea y el talón izquierdo sería equivalente al ancho de un puño.

3. COGER LA COLA DEL GORRIÓN

Cambie gradualmente el peso corporal al pie derecho mientras gira los hombros hacia el frente. A la vez alce el antebrazo derecho con la palma de su mano derecha mirando hacia el pecho y baje la mano izquierda con la palma mirando hacia abajo. La columna ejerce de eje, los hombros giran a su alrededor, los brazos siguen a los hombros y las manos a los brazos. No empuje con el brazo derecho, ni alce la mano derecha o deje caer la izquierda independientemente. Todos los movimientos deben coordinarse con la columna y esta debe coordinarse con la oscilación del peso corporal.

Con la mayor parte del peso en el pie derecho, gire su cabeza y cuerpo ligeramente hacia la derecha. Mientras mantiene el antebrazo derecho en frente del pecho deje caer el codo izquierdo. Doble su brazo izquierdo y presione hacia abajo con su mano izquierda. No acerque demasiado su codo izquierdo al cuerpo. Mantenga la cabeza erguida y mirando hacia la derecha. No saque el pecho ni las nalgas y mantenga ambos pies firmemente sobre el suelo, como si mirase hacia la lejanía.

B. APARTARSE

Comience a inhalar. Mientras cambia el peso corporal hacia el frente (pie derecho), el pie trasero (el izquierdo) se mantiene en el suelo para contribuir al equilibrio corporal. Baje gradualmente la mano izquierda. Mantenga la posición de la cabeza.

Imagine que está sujetando el brazo de otra persona, gire ambos antebrazos en sentido opuesto a las agujas del reloj. Al hacerlo alce la mano derecha con la palma hacia abajo hasta superar la altura del pecho, y baje la mano izquierda con la palma hacia arriba hasta que quede por debajo del pecho. Mantenga el peso en el pie delantero mientras el pie trasero sigue completamente en contacto con el suelo. Relaje los hombros. Deje caer los codos. Mantenga erguido el tronco. Mantenga la posición de la cabeza. No se incline hacia adelante. No saque las nalgas.

Cambie gradualmente el peso corporal al pie trasero y gire los hombros hacia la izquierda como si empujase a otra persona hacia su izquierda. Mientras lo hace, trate de mantener la cadera mirando hacia el frente. La cabeza mira hacia abajo. Los brazos y manos se mueven con los hombros y estos con el cambio del peso corporal. No emplee fuerza para empujar con las manos. No acerque excesivamente el codo derecho al cuerpo.

C. PRESIONAR

Comience a inhalar. Alce el antebrazo derecho mientras rota en el sentido de las agujas del reloj con la palma de la mano derecha mirando hacia su pecho. Al mismo tiempo, rote la palma de la mano izquierda alrededor de la muñeca izquierda en el sentido de las agujas del reloj. Deberá llegar a tocar el final de su antebrazo derecho, casi a la altura de la mano derecha, con la parte baja de la palma de su mano izquierda. La cabeza está girada hacia la izquierda, mirando hacia sus manos. Mantenga el tronco erguido. No alce los hombros. Mantenga la altura corporal.

3. COGER LA COLA DEL GORRIÓN

Comience a exhalar. Siga girando los hombros hacia la izquierda y trate de que la cadera siga mirando al frente. Presione ligeramente el final del antebrazo derecho con la parte baja de la palma de la mano izquierda.

Cambie gradualmente el peso corporal al pie delantero mientras vuelve a girar los hombros hacia la derecha. Siguiendo a los hombros, el antebrazo derecho, apoyado por el brazo izquierdo, gira al frente como si presionase a alguien para apartarle de su camino. Al hacer este movimiento usa la fuerza del cuerpo en rotación y no la de las manos. La cabeza debe mantenerse erguida y mirando hacia la derecha, en la dirección que señala su pie derecho.

D. DOBLE EMPUJE

Comience a inhalar. Con el peso corporal sobre el pie frontal y el izquierdo tocando el suelo para mantener el equilibrio, gire las palmas de las manos hacia afuera. Mantenga la posición de la cabeza. No se incline hacia adelante.

Mantenga el peso en el pie frontal y el pie trasero en contacto con el suelo. Mantenga la posición de la cabeza.

3. COGER LA COLA DEL GORRIÓN

Cambie gradualmente el peso al pie trasero mientras baja ambas manos a los lados de la cadera con las palmas presionando hacia abajo, luego gire las palmas para que se una esté en frente de la otra. Al cambiar el peso corporal el cuerpo lleva consigo los brazos y las manos hacia atrás. La cabeza mira hacia adelante.

Mantenga todo su peso sobre el pie trasero (izquierdo) y alce ambas manos con las palmas hacia arriba como si sujetase un objeto. Relaje los codos. Mantenga el tronco erguido. La cabeza mira hacia adelante. No saque las nalgas. Mantenga estable la altura corporal.

Trate de acercar tanto como puedo las codos, pero siempre sin llegar a tocarlos (vista desde la derecha).

Mientras acerca los codos tanto como le sea posible, separe las manos tanto como pueda y gire las palmas alrededor de las muñecas. La palma de la mano derecha en sentido opuesto al de las agujas del reloj, la de la mano izquierda en el sentido de las agujas del reloj (vista desde la derecha).

3. COGER LA COLA DEL GORRIÓN

Comience a exhalar. Cambie gradualmente el peso corporal hacia adelante y gire las palmas de las manos para que miren hacia arriba.

Mientras sigue rotando las manos trate de alinear los dedos centrales horizontalmente mientras deja caer los codos. Mantenga la posición de la cabeza. Mueva el cuerpo hacia adelante. El cuerpo arrastra las manos hacia adelante. No use la fuerza de las manos para empujar.

Con la cabeza erguida en la misma posición, ponga la mayor parte de su peso en el pie delantero (derecho) mientras el pie izquierdo se mantiene en contacto con el suelo.

4. LÁTIGO SIMPLE

Comience a inhalar.

4. LÁTIGO SIMPLE

No cargue ningún peso sobre el pie izquierdo y gírelo en sentido opuesto a las agujas del reloj para estar cómodo para el siguiente movimiento. Gire los hombros hacia la izquierda.

Lleve el peso corporal al pie izquierdo, gire el antebrazo derecho en el sentido de las agujas del reloj y baje la mano derecha hasta la altura de la cadera. Deje caer el codo izquierdo mientras gira el antebrazo izquierdo y la palma de la mano izquierda en el sentido de las agujas del reloj. La palma de la mano derecha mira hacia afuera.. No deje que la punta del dedo medio supere la altura de las cejas.

4. LÁTIGO SIMPLE

Gire los hombros hacia la izquierda y lleve con ellos brazos y manos hacia la izquierda. Siguiendo a los hombros, el codo izquierdo y la palma de la mano, que está a la atura del cuello gira en el sentido de las agujas del reloj. Al mismo tiempo lleve la mano derecha hacia su izquierda mientras gira el antebrazo derecho en el sentido de las agujas del reloj. Recuerde, las manos siguen a los brazos, estos a los hombros y los hombros giran en torno a la columna, que a su vez ejerce de eje. La cabeza debe estar erguida y mirar hacia la izquierda. Sin cargar ningún peso sobre el pie derecho gírelo en sentido opuesto al de las agujas del reloj para estar cómodo.

Comience a exhalar. Cambie gradualmente el peso a su pie derecho mientras gira los hombros para que miren al frente y alza la mano derecha, cuyo antebrazo gira en el sentido de las agujas del reloj. Al mismo tiempo baje la mano izquierda, cuyo antebrazo gira en sentido opuesto al de las agujas del reloj. La cabeza se mantiene erguida y mirando hacia la mano derecha.

4. LÁTIGO SIMPLE

Mientras su peso oscila hacia su pie derecho, gire los hombros hacia la derecha y gire el antebrazo derecho en el sentido de las agujas del reloj y el izquierdo en el sentido opuesto.

Con todo el peso sobre el pie derecho, gire los hombros hacia la derecha. Intente mantener la cadera mirando hacia adelante, para ello tuerza la columna. Mantenga la posición de la cabeza. El brazo derecho sigue a los hombros, la mano izquierda se mantiene alzada y el antebrazo izquierdo gira en sentido opuesto al de las agujas del reloj. Simultáneamente, alce la mano derecha por encima de la altura del pecho mientras gira el antebrazo derecho en el sentido de las agujas del reloj, con la palma de la mano mirando hacia arriba. Acerque el pie izquierdo al derecho para mejorar el equilibrio.

4. LÁTIGO SIMPLE

Comience a inhalar. Haga como si agarrase la mano de una otra persona con su mano derecha. Alce la mano derecha mientras flexiona la muñeca hacia atrás. Abra y extienda completamente los dedos de la mano derecha. A continuación cierre los dedos y gire la mano derecha alrededor de la muñeca derecha en el sentido de las agujas del reloj.

Cierre la palma de la mano derecha mientras deja caer el colo derecho ligeramente y permite el movimiento de los huesos de las articulaciones. Apunte con los dedos de la mano izquierda hacia la muñeca derecha. La cabeza debe mirar hacia su mano derecha.

4. LÁTIGO SIMPLE

Mientras su cabeza sigue mirando hacia la mano derecha, agarre la mano de una persona imaginaria. Deje caer ambos codos mientras apunta con los dedos de la mano izquierda hacia su muñeca derecha. Mantenga el tronco erguido. Cargue todo el peso sobre el pie derecho. Apunte hacia el suelo con el pie izquierdo.

Comience a exhalar. Gire los hombros de manera que miren hacia al izquierda. La cabeza mira hacia la mano izquierda. El peso se mantiene en el pie derecho. De un paso con el pie izquierdo hacia la izquierda y ligeramente hacia atrás con los dedos apuntando hacia la izquierda. Si trazásemos una línea imaginaria desde el talón del pie izquierdo, la distancia entre la linea y el talón derecho sería equivalente al ancho de un puño.

Cambie gradualmente el peso corporal al pie izquierdo, gire los hombros hacia la izquierda en la dirección que apuntan los dedos del pie izquierdo. El brazo izquierdo se extiende hacia afuera mientras la palma de la mano gira en sentido opuesto al de las agujas del reloj. La mano derecha mantiene una posición de agarre.

Mantenga la mayor parte de su peso sobre el pie izquierdo y deje caer los codos mientras mantiene la palma de la mano izquierda en posición vertical y mirando al frente. Los dedos de la mano izquierda están relajados. Mantenga la posición de agarre con su mano derecha. El cambio del peso corporal, el giro de los hombros, la extensión del brazo izquierdo y la rotación de la palma de la mano deben estar coordinados. El giro de los hombros y la rotación del antebrazo izquierdo hacen que se extienda la palma de la mano izquierda, pero sin empujar. Lo que empuja a la persona imaginaria no es la fuerza ejercida por la mano izquierda, sino la fuerza de generada por la rotación del cuerpo. Mantenga la cabeza erguida y mirando hacia su mano izquierda.

5. ATAQUE DEL AGARRE DE MANOS

Comience a inhalar. Mantenga la cabeza erguida y mirando hacia su mano izquierda. Con todo el peso corporal sobre el pie izquierdo libere el derecho.

Gire el pie derecho en el sentido de las agujas del reloj para prepararse para el siguiente movimiento. Gire los hombros de manera que miren hacia delante y baje ambas manos.

Lleve el peso corporal al pie derecho, gire los hombros hacia la derecha y baje ambas manos. Sin cargar ningún peso sobre el pie izquierdo gírelo en el sentido de las agujas del reloj para prepararse para el próximo movimiento.

Mientras la mayor parte de su peso está cargado sobre su pie derecho alce la mano izquierda.

5. ATAQUE DEL AGARRE DE MANOS

Comience a exhalar. La cabeza se mantiene erguida y mirando hacia la derecha. Con todo el peso sobre el pie derecho acerque el pie izquierdo al derecho.

Lleve el peso corporal al pie izquierdo, gire cabeza y hombros hacia el frente alce el antebrazo izquierdo y baje el brazo derecho.

5. ATAQUE DEL AGARRE DE MANOS

Con todo el peso cargado sobre el pie izquierdo alce la mano derecha por debajo del brazo izquierdo.

Comience a inhalar. Cambie el peso al pie derecho y gire el antebrazo derecho para alzar la mano derecha. Baje la mano izquierda.

Con el peso corporal sobre el pie derecho, baje la mano izquierda y gire lentamente la mano derecha en el sentido de las agujas del reloj.

Con todo el peso sobre el pie derecho, apunte hacia el suelo con el pie izquierdo para mantener el equilibrio. Gire los hombros hacia la izquierda y tire de ellos hacia atrás y hacia afuera. La cabeza mira al frente.

Siga girando los hombros hacia la izquierda y mirando hacia atrás, como si estuviese dando marcha atrás en un coche. Alce la mano izquierda y baje la derecha mientras rota el brazo izquierdo en el sentido opuesto al de las agujas del reloj y deja caer el codo izquierdo. Mantenga la posición de la cabeza.

Comience a exhalar. Deje caer el codo izquierdo, gire los hombros hacia la derecha y gire el antebrazo derecho en el sentido opuesto al de las agujas del reloj.

Siga girando los hombros hasta mirar al frente. Lleve el brazo izquierdo hacia adelante. Mantenga el peso sobre el pie derecho y conserve la altura del cuerpo, evite que esta oscile hacia arriba o abajo.

Con el peso sobre el pie derecho y los hombros mirando hacia adelante, el pie izquierdo ayuda a mantener el equilibrio. Siguiendo a los hombros, mueva la mano izquierda hacia adelante con la palma hacia arriba.

6. LA GRULLA BLANCA DESPLIEGA LAS ALAS

Comience a inhalar. Con el peso sobre su pie derecho gire los hombros y la cabeza ligeramente hacia la derecha. Rote el antebrazo derecho en sentido opuesto al de las agujas del reloj, hacia el pecho, y con la palma de la mano hacia abajo. Trate de torcer la columna para mantener la cadera mirando hacia, permita que cada parte de la columna se mueva.

Con el peso sobre el pie derecho, vuelva a mover la cabeza y los hombros hacia el frente. Para ello gire hacia la derecha, en el sentido de las agujas del reloj, el antebrazo y la mano derecha, con la palma hacia arriba; la mano deberá desplazarse hacia abajo hasta quedar a la derecha de la cadera. Al mismo tiempo, gire el antebrazo izquierdo en el sentido de las agujas del reloj, hacia el pecho, con la palma hacia abajo. La cabeza mira al frente y los ojos hacia la muñeca izquierda.

6. LA GRULLA BLANCA DESPLIEGA LAS ALAS

Cargue el peso corporal sobre su pie derecho y gire la cabeza y el cuerpo hacia la izquierda, con la palma de la mano derecha hacia arriba y la de la izquierda hacia abajo; como si sujetase un gran balón en frente del cuerpo.

El pie derecho apunta hacia el suelo para mantener el equilibrio. Mantenga la altura del cuerpo estable y mire hacia el horizonte.

6. LA GRULLA BLANCA DESPLIEGA LAS ALAS

Mientras mantiene el peso sobre el pie derecho y los dedos del pie izquierdo apuntando hacia el suelo, gire los hombros hacia la derecha. Rote el antebrazo derecho en el sentido de las agujas del reloj mientras alza la mano derecha hasta la altura del hombro con la palma hacia adentro. Al mismo tiempo, rote el antebrazo izquierdo en el sentido de las agujas del reloj mientras baja la mano izquierda con la palma hacia abajo. La cabeza mira hacia la mano derecha. No alce demasiado la mano derecha. Recuerde que los dedos de la mano derecha nunca deben estar por encima de las cejas. Mantenga la altura corporal estable.

Comience a exhalar. Con el peso sobre su pie derecho, gire la cabeza y los hombros hacia la izquierda mientras baja la mano izquierda, con la palma hacia abajo, hasta situarla a la izquierda de su cadera.

6. LA GRULLA BLANCA DESPLIEGA LAS ALAS

Con el peso sobre su pie derecho, gire la cabeza y los hombros hacia la izquierda, con la mano derecha a la altura del cuello. La mano izquierda está a la izquierda de la cadera presionando ligeramente hacia abajo, pero no debe estar demasiado cerca del cuerpo. Los dedos del pie izquierdo apuntan hacia el suelo para mantener el equilibrio. La cabeza está erguida y mira hacia adelante. Mire hacia el horizonte, relaje el pecho y meta las nalgas.

7. CEPILLAR LA RODILLA Y EMPUJE A LA DERECHA

Comience a inhalar. Con las rodillas ligeramente flexionadas y el peso corporal sobre su pie derecho, gire los hombros hacia la izquierda mientras rota la mano derecha, con la palma hacia dentro, en el sentido opuesto al de las agujas del reloj, hacia la cara. Al mismo tiempo, rote la mano izquierda, con la palma hacia adentro, para bajarla hasta que quede a la izquierda de su cadera. Comience a girar la cabeza hacia la izquierda.

7. CEPILLAR LA RODILLA Y EMPUJE A LA DERECHA

Mientras mantiene el peso sobre el pie derecho, continúe girando los hombros hacia la izquierda mientras mira hacia la izquierda. Tuerza la columna para mantener la cadera mirando al frente.

Con el peso corporal sobre su pie derecho y los dedos del pie izquierdo apuntando hacia el suelo para mantener el equilibrio deje caer el codo derecho y mire hacia la punta del dedo medio de la mano derecha. Gire la palma de la mano izquierda hacia adentro. Mantenga la altura corporal (vista desde atrás).

Con el peso sobre su pie derecho y los hombros mirando hacia adelante, baje el brazo derecho hasta que la mano esté a la altura de la cadera. Al mismo tiempo, alce el brazo izquierdo hasta que la mano hasta a la altura del hombro. La mirada debe dirigirse hacia el dedo medio de su mano izquierda (vista desde atrás).

Con el peso corporal sobre el pie derecho, gire los hombros hacia la derecha y mire hacia adelante. Siguiendo a sus hombros, el antebrazo y la mano derecha giran en sentido opuesto al de las agujas del reloj hasta que la mano derecha, con la palma hacia adentro, alcance la altura del cuello. El antebrazo izquierdo gira para apuntar hacia el codo derecho con los dedos de la mano izquierda. La mirada se dirige al dedo medio de su mano derecha.

Comience a exhalar. Con el peso corporal sobre su pie derecho, mueva el pie izquierdo hacia la izquierda y ligeramente hacia atrás. Si trazásemos una línea imaginaria a partir del talón de su pie izquierdo, la distancia entre la línea y el talón derecho equivaldría al ancho de un puño. Empiece a girar los hombros para apuntar hacia adelante mientras su antebrazo y mano derecha giran en sentido opuesto al de las agujas del reloj. Al mismo tiempo, el antebrazo y mano izquierda giran en el sentido de las agujas del reloj hasta que la mano, con la palma hacia abajo, esté a la altura de la cadera.

Lleve gradualmente el peso hacia el pie delantero (izquierdo) mientras sigue girando los hombros para que miren al frente. Mientras mira haca el frente, gire el antebrazo derecho en el sentido opuesto al de las agujas del reloj hasta situar la mano derecha, con la palma hacia abajo, a la altura del pecho. Rote el antebrazo izquierdo en el sentido de las agujas del reloj para llevar la mano izquierda, con la palma hacia abajo, a la izquierda de la cadera y por encima de la rodilla, como si intentase apartar una patada. Todos los movimientos deben coordinarse con la columna, que ejerce de eje.

7. CEPILLAR LA RODILLA Y EMPUJE A LA DERECHA

Continúe llevando el peso hacia su pie delantero mientras gira el antebrazo derecho y la mano, con la palma hacia arriba, en el sentido opuesto al de las agujas del reloj hasta que la mano derecha esté a la altura de la cintura. A continuación, llévela hasta la altura del pecho, con la palma hacia adelante y el codo caído. La palma de la mano izquierda presiona ligeramente hacia abajo. No lleve la mano derecha demasiado lejos. El empuje no parte de la fuerza de la mano derecha, sino del movimientos del cuerpo. La mirada se dirige hacia el horizonte. El tronco debe mantenerse erguido. Mantenga la posición de la cabeza. No se incline hacia adelante. Meta las nalgas.

8. TOCAR LA GUITARRA

Comience a inhalar. Con el peso sobre su pie delantero (izquierdo) mueva el trasero (derecho) ligeramente hacia adelante para prepararse para el siguiente movimiento. Relaje ambas muñecas y lleve la mano derecha, con la palma abierta, a la altura del pecho; mientras la palma de la mano izquierda apunta hacia la izquierda de su cadera. Dirija su mirada hacia el horizonte.

8. TOCAR LA GUITARRA

Lleve gradualmente el peso a su pie trasero (izquierdo). Baje el antebrazo derecho hasta la altura del pecho con la palma de la mano derecha hacia abajo, mientras alza la mano izquierda hasta alcanzar la altura del pecho. Dirija la mirada hacia el horizonte.

Mantenga el peso sobre el pie derecho y los dedos del pie izquierdo apuntando hacia el suelo para mantener el equilibrio. Deje caer el codo derecho mientras alza la mano derecha hasta la altura del pecho con la palma relajada y hacia abajo. Al mismo tiempo, alce la mano izquierda hasta la altura del pecho con la palma de la mano abierta y mirando hacia adentro. La mirada se dirige hacia el pulgar de la mano izquierda.

8. TOCAR LA GUITARRA

Comience a exhalar. Mantenga el peso sobre su pie derecho mientras el talón izquierdo toca el suelo para mantener el equilibrio. Deje caer ambas muñecas mientras gira las palmas hacia arriba. La mirada se dirige hacia el dedo índice de la mano izquierda.

Mantenga el peso corporal sobre su pie derecho mientras el talón izquierdo apunta hacia el suelo para mantener el equilibrio. Ambas muñecas están caídas y las palmas de las manos abiertas y girando hacia arriba naturalmente a la altura del pecho. La palma de la mano izquierda está enfrente de la de la mano derecho. Deje caer los codos. La mirada se dirige hacia el dedo medio de la mano izquierda. No acerque excesivamente el codo derecho al cuerpo.

9. CEPILLAR LA RODILLA Y EMPUJE A LA DERECHA

Comience a inhalar. Mantenga el peso sobre su pie derecho mientras el talón izquierdo apunta hacia el suelo para mantener el equilibrio. Alce ambas manos, con las las palmas abiertas y hacia arriba, mirando hacia su cara. Mantenga la mirada en el dedo medio de la mano izquierda.

Con el peso sobre su pie derecho, acerque el pie izquierdo al derecho. Gire los hombros hacia la derecha, dirija la mirada hacia la derecha, y baje su antebrazo y mano derecha hasta que esté a la derecha de su cadera. Alce el antebrazo izquierda hasta la altura del pecho.

Mantenga el peso sobre su pie derecho y mire hacia la derecha. Doble el brazo derecho mientras alza el antebrazo hasta que la mano, con la palma hacia arriba y totalmente extendida, esté a la altura del cuello. Al mismo tiempo, gire el antebrazo izquierdo en el sentido de las agujas del reloj para que los dedos de la mano izquierda apunten hacia el codo derecho.

Comience a exhalar. Con el peso sobre su pie derecho, mueva el izquierdo un paso hacia adelante y ligeramente hacia la izquierda. Si trazásemos una línea imaginaria a partir del talón izquierdo, la distancia entre la línea y el talón derecho equivaldría al ancho de un puño. El talón izquierdo toca el suelo para mantener el equilibrio. La mirada se dirige hacia la mano derecha. Gire el antebrazo y mano derecha en el sentido de las agujas del reloj alrededor del codo, que está caído y fijo al lado de las costillas. Baje el antebrazo izquierdo hasta que la mano esté a la altura de la cadera.

Lleve gradualmente el peso a su pie delantero (izquierdo) con la mirada hacia el horizonte. Vuelva los hombros hacia el frente. Siguiendo a los hombros, baje el antebrazo y mano derecha, con la palma hacia abajo, hasta la altura de la cadera y a continuación álcela hasta la altura del pecho. Al mismo tiempo, baje el antebrazo y mano izquierda, con la palma hacia abajo, hasta que la mano esté a la altura de la cadera y después haga un barrido con la mano sobre la rodilla izquierda, como si apartase la patada de otra persona.

Con el peso sobre su pie delantero (izquierdo), gire gradualmente los hombros para que miren hacia adelante. Extienda el brazo y la mano derecha con la palma abierta y mirando naturalmente hacia adelante. El movimiento hacia adelante de la mano derecha está impulsado por el cuerpo, o por la fuerza de la propia mano. Mueva la mano izquierda por encima de la rodilla izquierda con la palma abierta y hacia abajo. La mano izquierda presiona ligeramente hacia abajo y se detiene a la altura de la cadera.

10. CEPILLAR LA RODILLA Y EMPUJE A LA IZQUIERDA

Comience a inhalar. Cargue el peso sobre el pie frontal (izquierdo). Sin cargar ningún peso sobre el pie derecho, muévalo hacia adelante y gírelo ligeramente en el sentido opuesto al de las agujas del reloj para prepararse para el siguiente movimiento. Mire al frente y relaje ambas muñecas.

Lleve el peso al pie trasero (derecho).Mueva el pie derecho hasta situarlo justo detrás del derecho. Gire los hombros hacia la izquierda mientras tuerce la columna para intentar mantener la cadera mirando hacia adelante. Siguiendo a los hombros, el antebrazo derecho giran en el sentido opuesto al de las agujas del reloj con el codo caído. Al mismo tiempo, el antebrazo izquierdo gira en el sentido de las agujas del reloj para que los dedos de la mano izquierda apunten hacia el codo derecho.

Lleve el peso a su pie izquierdo mientras sigue girando los hombros hacia la izquierda, con la mirada hacia la izquierda. Siguiendo a los hombros, el antebrazo izquierdo gira en el sentido opuesto al de las agujas del reloj con el codo caído y la mano llegando a alcanzar las altura de los hombros. Al mismo tiempo, el antebrazo derecho pivota sobre el codo en el sentido opuesto al de las agujas del reloj para que los dedos de la mano derecha apunten hacia le codo izquierdo.

Con el peso sobre el pie izquierdo mire hacia los dedos de la mano izquierda. Gire la palma de la mano izquierda hacia adentro. Relaje la muñeca derecha (vista desde atrás).

Comience a exhalar. Con el peso sobre el pie izquierdo, mueva el derecho hacia la derecha y ligeramente hacia atrás. Si trazásemos una línea imaginaria a partir del talón derecho, la distancia entre la línea y el talón izquierdo equivaldría al ancho de un puño (vista desde atrás).

Lleve gradualmente el peso al pie delantero (derecho) mientras gira los hombros para que miren al frente. Extienda el brazo izquierdo mientras lo rota en el sentido de las agujas del reloj hasta que la mano izquierda alcance la altura del pecho. Al mismo tiempo, baje el antebrazo derecho y rótelo en el sentido opuesto al de las agujas del reloj hasta que la mano esté sobre la rodilla y a la derecha de su cadera, como si apartase la patada de otra persona (vista desde atrás).

10. CEPILLAR LA RODILLA Y EMPUJE A LA IZQUIERDA

Siga llevando el peso hacia su pie delantero (derecho) y gire gradualmente los hombros para que miren hacia adelante. Gire el antebrazo izquierdo hasta que la mano izquierda llegue a la altura de los hombros. La palma mira hacia adelante, como si estuviese empujando a otra persona. El empuje parte del movimiento corporal, no de la fuerza de la mano.

11. CEPILLAR LA RODILLA Y EMPUJE A LA DERECHA

Comience a inhalar. Con el peso sobre el pie frontal (derecho), mueva el pie izquierdo ligeramente hacia adelante y gírelo ligeramente en el sentido de las agujas del reloj para prepararse para el próximo movimiento. Comience a girar los hombros hacia la izquierda y gire el antebrazo izquierdo en el sentido opuesto al de las agujas del reloj mientras abre la mano con la palma hacia arriba. Relaje la cintura.

Con todo el peso sobre el pie izquierdo, mueva el derecho hacia atrás, cerca del derecho, mientras mira hacia adelante. A la vez, siga girando los hombros hacia la derecha, alzando el antebrazo izquierdo, dejando caer el codo izquierdo, y acercando la mano izquierda a la cara con la palma hacia arriba y abierta. Mientras lo hace, alce el antebrazo derecho y gírelo en el sentido opuesto al de las agujas del reloj con la palma de la mano mirando hacia arriba.

Lleve todo el peso corporal al pie derecho mientras los dedos del pie izquierdo apuntan al suelo para mantener el equilibrio, Gire los hombros a la izquierda. Siguiendo a los hombros, el antebrazo derecho gira en sentido opuesto al de las agujas del reloj mientras alza la mano derecha, con la palma abierta y hacia adentro, hasta la altura del cuello. El antebrazo izquierdo gira en el sentido de las agujas del reloj y los dedos de la mano izquierda apuntas al codo derecho. Mantenga la cabeza erguida y mirando hacia la mano derecha.

Comience a exhalar. Con el peso sobre el pie derecho, de un paso hacia la izquierda y ligeramente hacia atrás con el pie izquierdo. Si trazásemos una línea imaginaria a partir del talón izquierdo, la distancia entre la línea y el talón derecho equivaldría al ancho de un puño. La cabeza apunta hacia la izquierda y la mirada se dirige hacia la mano derecha. Gire el antebrazo y la mano izquierda con la palma hacia abajo, en el sentido de las agujas del reloj mientras la baja hasta la altura de la cadera. Gire el antebrazo derecho en sentido opuesto al de las agujas del reloj, el codo está caído y la palma de la mano derecha abierta (vista desde atrás).

11. CEPILLAR LA RODILLA Y EMPUJE A LA DERECHA

Cargue gradualmente el peso sobre el pie frontal (derecho). Vuelva a llevar los hombros a la izquierda, girando el antebrazo y mano derecha, con la palma abierta y hacia abajo, en el sentido opuesto al de las agujas del reloj, hasta que la mano esté a la altura del pecho. Al mismo tiempo, mueva la mano izquierda sobre la rodilla izquierda hasta que quede a la izquierda de la cadera, como si apartase la patada de otra persona.

Cargue la mayor parte del peso sobre el pie frontal (izquierdo) y mueva los hombros para apuntar hacia adelante mientras mira al horizonte. Siguiendo a los hombros, baje el antebrazo y la mano derecha, con la palma abierta y hacia abajo, hasta la altura de la cadera; a continuación álcela hasta la altura del pecho. Finalmente deje caer el codo derecho, extienda el antebrazo, flexione la muñeca y apunte con la palma de la mano derecha hacia el frente, como si quisiese empujar a otra persona. El emuje parte del movimiento corporal, no de la fuerza de la mano en sí. Mueva la mano izquierda para acercarla a la cadera y presione hacia abajo ligeramente. Mantenga el tronco erguido. No se incline hacia adelante. Relaje el pecho y meta las nalgas.

12. TOCAR LA GUITARRA

Comience a inhalar. Lleve el peso al pie delantero (izquierdo) y mueva el pie trasero (derecho) ligeramente hacia adelante para prepararse para el próximo movimiento. Relaje las muñecas. Dirija la mirada hacia el horizonte.

12. TOCAR LA GUITARRA

Cargue el peso sobre el pie trasero (derecho) y deje caer el codo derecho para bajar el antebrazo justo por debajo del pecho. Con la muñeca derecha relajada, gire el antebrazo izquierdo en el sentido opuesto al de las agujas del reloj para llevar gradualmente la mano izquierda al frente. La mirada se dirige al horizonte.

Mantenga el peso sobre el pie derecho y alce la muñeca derecha hasta la altura del hombro y la muñeca izquierda hasta la altura del pecho.

12. TOCAR LA GUITARRA

Mantenga el peso sobre el pie derecho mientras el talón izquierdo sigue en contacto con el suelo para mantener el equilibrio. Dirija la mirada al pulgar de la mano izquierda.

Comience a exhalar. Cargue el peso sobre el pie derecho mientras el talón izquierdo toca el suelo para mantener el equilibrio. Deje caer ambas muñecas. Una mano enfrente de la otra, con las palmas abiertas y mirándose. La mano izquierda está por delante de la derecha. La mirada se dirige al dedo medio de la mano izquierda. No acerque excesivamente el codo derecho al cuerpo.

13. PUÑO LATERAL Y PUÑO AL FRENTE

Comience a inhalar. Con el peso en el pie derecho, acerque el pie izquierdo al derecho mientras lo gira ligeramente en el sentido opuesto al de las agujas del reloj. Relaje las muñecas. La cabeza mira hacia el frente y la mirada se dirige al horizonte.

Gire los hombros hacia la izquierda para llevar el peso corporal al pie izquierdo. Siguiendo sus hombros, el antebrazo izquierdo gira en el sentido de las agujas del reloj hasta que la mano, con la palma hacia está a la altura de la cadera. Al mismo tiempo, extienda el antebrazo derecho y gírelo en el sentido opuesto al de las agujas del reloj hasta situarlo a la altura de la cadera. Mientras tanto, la palma de la mano derecha va cerrándose para formar un puño, pero manteniéndolo suelto, con un espacio vacío tras entre los dedos y la palma. La mirada se dirige hacia los dedos de la mano izquierda.

Mientras mantiene el peso en el pie izquierdo, el derecho apunta hacia el suelo para mantener el equilibrio. Gire los hombros hacia la izquierda mientras la mirada apunta hacia los dedos de la mano izquierda.

Con el peso corporal sobre el pie izquierdo, alce la muñeca izquierda hasta que esté a la izquierda del pecho. Al mismo tiempo, gire el antebrazo y la mano derecha en el sentido opuesto al de las agujas del reloj de manera que el puño derecho quede bajo la muñeca izquierda. La mirada se dirige al puño izquierdo. No acerque demasiado el codo derecho al cuerpo (vista desde atrás).

Comience a exhalar. De un paso con el pie derecho hacia la derecha y ligeramente hacia atrás. Si trazásemos una línea imaginaria desde el talón del pie derecho, la distancia entre la linea y el talón izquierdo sería equivalente al ancho de un puño. Comience a girar el antebrazo y el puño derecho en el sentido de las agujas del reloj (vista desde atrás).

Gire los hombros para que miren al frente para llevar gradualmente el peso al pie derecho. Gire el antebrazo y puño derecho en el sentido de las agujas del reloj y apunte al codo derecho no los dedos de la mano izquierda. La columna ejerce de eje. Los hombros giran en torno a la columna, los brazos siguen a los hombros y las manos a los brazos (vista desde atrás).

Cargue todo el peso sobre el pie delantero (derecho). Gire el antebrazo derecho en torno al codo derecho en el sentido de las agujas del reloj. El puño derecho golpea hacia abajo. Mantenga la cabeza erguida y mirando al frente. No saque el pecho ni las nalgas y mantenga ambos pies firmemente anclados al suelo.

Comience a inhalar. Lleve el peso al pie trasero (izquierdo) para liberar al delantero (derecho). Gire los hombros hacia la derecha y el antebrazo derecho en torno al codo derecho en el sentido opuesto al de las agujas del reloj hasta que el puño derecho esté en posición vertical. La mirada se dirige al horizonte.

Mueva el pie derecho hacia atrás, cerca del pie izquierdo, y gírelo ligeramente en el sentido de las agujas del reloj. Lleve el peso al pie derecho para liberar el izquierdo y gire los hombros hacia la derecha. Trate de mantener la cadera mirando hacia adelante para que se tuerza la columna. Siguiendo a los hombros, el brazo derecho gira hacia la derecha, mientras el antebrazo derecho gira en el sentido opuesto al de las agujas del reloj de manera que el puño derecho está en posición horizontal y cerca del pecho. El antebrazo y la mano izquierda giran en el sentido de las agujas del reloj. La cabeza mira al frente.

Mientras todo el peso está sobre el pie derecho, el izuierdo apunta hacia el suelo para amntener el equilibrio. Gire los hombros hacia la derecha y mantenga la mirada hacia la derecha. Siguiendo a los hombros, el brazo derecho se extiende y mueve hacia la derecha mientras el puño derecho rota en el sentido opuesto a las agujas del reloj y horizontal. Extienda y alce el brazo izquierdo hasta que este por encima de la cadera. Al mismo tiempo, rote la mano izquierda en el sentido opuesto al de las agujas del reloj, con la palma mirando hacia arriba.

Comience a exhalar. Con el peso sobre el pie derecho, de con el pie izquierdo un paso hacia la izquierda y ligeramente hacia atrás. Si trazásemos una línea imaginaria desde el talón del pie izquierdo, la distancia entre la linea y el talón derecho sería equivalente al ancho de un puño. La cabeza mira a la derecha. Gire el antebrazo y el puño derecho en el sentido opuesto al de las agujas del reloj extendiéndolo hacia su derecha. A continuación gire el antebrazo y puño derecho en el sentido de las agujas del reloj para que el puño vuelva a estar al lado de su cadera, horizontal y hacia arriba. Rote el antebrazo izquierdo en el sentido opuesto al de las agujas del reloj para alzarlo hasta la altura del pecho. La palma de la mano izquierda está extendida y mirando hacia arriba.

Gire los hombros para que miren al frente para llevar el peso corporal al pie delantero (izquierdo). La mirada se dirige al horizonte. Siguiendo a los hombros, el brazo derecho se extiende y el antebrazo y puño derecho giran en el sentido opuesto al de las agujas del reloj. Al mismo tiempo, le antebrazo y mano izquierda giran en el sentido opuesto al de las agujas del reloj hasta que la mano, con la palma extendida y hacia arriba, alcance la altura del hombro.

13. PUÑO LATERAL Y PUÑO AL FRENTE

Siga llevando el peso hacia su pie delantero (izquierdo), hasta que casi todo el peso esté cargado sobre él. La mirada se dirige hacia el horizonte. Ambos pies están fijamente anclados sobre el suelo. Mientras oscila el peso corporal, gire el brazo derecho en el sentido opuesto al de las agujas del reloj y golpee hacia adelante con el puño derecho. La fuerza del puño derecho se origina en el movimiento de la columna, hombros y brazos; no en la fuerza de la mano en sí. Mantenga el codo derecho caído y no vaya demasiado lejos al dar el puñetazo. Al mismo tiempo, la mano izquierda rota en el sentido de las agujas del reloj para acercarse a la muñeca derecha y proteger así la mano derecha. Mantenga el tronco erguido. No se incline hacia adelante. Meta las nalgas.

14. CLAUSURA

Comience a inhalar. Lleve todo el peso a su pie delantero (izquierdo) y mueva ligeramente hacia adelante su pie trasero (derecho). La mirada se dirige al horizonte. Ambas manos, a la altura del cuello, se abren naturalmente. Deje caer los codos.

14. CLAUSURA

Lleve el peso corporal al pie trasero (derecho) y mantenga la cabeza erguida. Los ojos miran hacia adelante. Baje las manos hasta la altura de la cadera con las palmas abiertas y hacia abajo.

Mantenga el peso sobre el pie derecho y la mirada hacia adelante. Las palmas de las manos rotan hacia arriba para apuntar hacia su cara mientras se van alzando para alcanzar la altura del pecho. Intente acercar los codos entre sí tanto como le sea posible, mientras separa todo lo que pueda una mano de la otra (vista desde la izquierda).

Comience a exhalar. Mueva ligeramente el pie izquierdo hacia adelante. Lleve gradualmente el peso hacia adelante mientras gira la mano derecha en torno a la muñeca en el sentido opuesto al de las agujas del reloj; y la izquierda, en torno a la muñeca, en el sentido de las agujas del reloj. Intente dejar caer los codos (vista desde la izquierda).

Continúe oscilando el peso corporal y gire las palmas de las manos hacia abajo. La mirada se dirige al frente.

14. CLAUSURA

Lleve gradualmente el peso al pie delantero (izquierdo). La mirada se dirige al frente. Gire las manos para que las palmas apunten hacia el frente. Intente alinear los dos dedos centrales en una línea imaginaria.

Al llevar la mayor parte del peso al pie delantero, el cuerpo arrastra ambas manos hacia adelante. No empuje con la fuerza de las manos. No empuje demasiado lejos. Las palmas se abren naturalmente. La cabeza está erguida y mirando al frente (vista desde la izquierda).

15. MANOS CRUZADAS

Comience a inhalar. Lleve todo el peso al pie izquierdo para liberar el derecho, que rota ligeramente en torno al talón en el sentido de las agujas del reloj. Los hombros giran hacia la derecha. Siguiendo a los hombros, el cuerpo gira al frente y lleva consigo las manos, que también se mueven hacia el frente con las palmas hacia afuera.

Con todo el peso sobre el pie derecho, gire el pie izquierdo en torno al talón en el sentido de las agujas del reloj, de manera que el cuerpo mire hacia el frente. Baje ambas manos hasta la altura de la cadera. No saque el pecho o las nalgas, mantenga ambos pies firmemente anclados sobre el suelo y la mirada hacia el horizonte.

15. MANOS CRUZADAS

Mantenga el peso distribuido igualmente en ambos pies. Alce ambas manos hasta la altura del pecho con la muñeca derecha en frente de la izquierda y ambas palmas abiertas y mirando hacia adentro naturalmente. La mirada se dirige al horizonte.

Comience a exhalar. Con el peso corporal igualmente distribuido sobre ambos pies y la cabeza erguida y mirando al frente, gire ambas palmas hacia abajo y baje lentamente las manos hasta que estén a la altura de la cadera.

Baje ambas manos, con las palmas abiertas naturalmente, hasta que estén a ambos lados de la cadera. La mirada se dirige hacia el horizonte.

16. FINAL

Respire normalmente. Lleve el peso corporal al pie derecho para liberar el izquierdo.

16. FINAL

Con el peso sobre el pie derecho, acerque el pie izquierdo al derecho. El cuerpo está erguido y las manos a ambos lados en su posición natural. Ha finalizado el ejercicio de Tai Chi para Mayores.

DERECHOS DE AUTOR

Derechos de autor: ©2014 Discovery Publisher
Diseño, composición y material grafico de la portada por: Discovery Publisher

Todos los derechos están reservados. Ninguna parte de este libro puede ser reproducida en forma alguna, ni en ningún medio electrónico o mecánico incluidos medios de almacenamiento de información o sistemas de recuperación de datos, sin el permiso escrito de la editorial.

Printed in Germany
by Amazon Distribution
GmbH, Leipzig